THIS BOOK BELONGS TO:

_____

Year in Review

2020

JANUARY

S	M	T	W	T	F	S
			1	2	3	4
5	6	7	8	9	10	11
12	13	14	15	16	17	18
19	20	21	22	23	24	25
26	27	28	29	30	31	

FEBRUARY

S	M	T	W	T	F	S
						1
2	3	4	5	6	7	8
9	10	11	12	13	14	15
16	17	18	19	20	21	22
23	24	25	26	27	28	29

MARCH

S	M	T	W	T	F	S
1	2	3	4	5	6	7
8	9	10	11	12	13	14
15	16	17	18	19	20	21
22	23	24	25	26	27	28
29	30	31				

APRIL

S	M	T	W	T	F	S
			1	2	3	4
5	6	7	8	9	10	11
12	13	14	15	16	17	18
19	20	21	22	23	24	25
26	27	28	29	30		

MAY

S	M	T	W	T	F	S
					1	2
3	4	5	6	7	8	9
10	11	12	13	14	15	16
17	18	19	20	21	22	23
24	25	26	27	28	29	30
31						

JUNE

S	M	T	W	T	F	S
	1	2	3	4	5	6
7	8	9	10	11	12	13
14	15	16	17	18	19	20
21	22	23	24	25	26	27
28	29	30				

JULY

S	M	T	W	T	F	S
			1	2	3	4
5	6	7	8	9	10	11
12	13	14	15	16	17	18
19	20	21	22	23	24	25
26	27	28	29	30	31	

AUGUST

S	M	T	W	T	F	S
						1
2	3	4	5	6	7	8
9	10	11	12	13	14	15
16	17	18	19	20	21	22
23	24	25	26	27	28	29
30	31					

SEPTEMBER

S	M	T	W	T	F	S
		1	2	3	4	5
6	7	8	9	10	11	12
13	14	15	16	17	18	19
20	21	22	23	24	25	26
27	28	29	30			

OCTOBER

S	M	T	W	T	F	S
				1	2	3
4	5	6	7	8	9	10
11	12	13	14	15	16	17
18	19	20	21	22	23	24
25	26	27	28	29	30	31

NOVEMBER

S	M	T	W	T	F	S
1	2	3	4	5	6	7
8	9	10	11	12	13	14
15	16	17	18	19	20	21
22	23	24	25	26	27	28
29	30					

DECEMBER

S	M	T	W	T	F	S
		1	2	3	4	5
6	7	8	9	10	11	12
13	14	15	16	17	18	19
20	21	22	23	24	25	26
27	28	29	30	31		

JANUARY 2020

SUNDAY	MONDAY	TUESDAY	WEDNESDAY
			1
5	6	7	8
12	13	14	15
19	20	21	22
26	27	28	29

THURSDAY	FRIDAY	SATURDAY	
2	3	4	STUFF TO DO
9	10	11	
16	17	18	
23	24	25	
30	31		

WED. JANUARY 1, 2020

_____   _____
_____   _____
_____   _____
_____   _____
_____   _____
_____   _____
_____   _____
_____   _____

THU. JANUARY 2, 2020

_____   _____
_____   _____
_____   _____
_____   _____
_____   _____
_____   _____
_____   _____

FRI. JANUARY 3, 2020

_____   _____
_____   _____
_____   _____
_____   _____
_____   _____
_____   _____
_____   _____

SAT. JANUARY 4, 2020

_____   _____
_____   _____
_____   _____
_____   _____
_____   _____
_____   _____
_____   _____
_____

SUN. JANUARY 5, 2020

_____   _____
_____   _____
_____   _____
_____   _____
_____   _____
_____   _____
_____   _____

MON. JANUARY 6, 2020

_____   _____
_____   _____
_____   _____
_____   _____
_____   _____
_____   _____
_____   _____

TUE. JANUARY 7, 2020

WED. JANUARY 8, 2020

THU. JANUARY 9, 2020

FRI. JANUARY 10, 2020

SAT. JANUARY 11, 2020

SUN. JANUARY 12, 2020

MON. JANUARY 13, 2020

_____   _____

_____   _____

_____   _____

_____   _____

_____   _____

_____   _____

_____   _____

TUE. JANUARY 14, 2020

_____   _____

_____   _____

_____   _____

_____   _____

_____   _____

_____   _____

_____

WED. JANUARY 15, 2020

_____   _____

_____   _____

_____   _____

_____   _____

_____   _____

_____   _____

_____

THU. JANUARY 16, 2020

FRI. JANUARY 17, 2020

SAT. JANUARY 18, 2020

SUN. JANUARY 19, 2020

MON. JANUARY 20, 2020

TUE. JANUARY 21, 2020

WED. JANUARY 22, 2020

THU. JANUARY 23, 2020

FRI. JANUARY 24, 2020

SAT. JANUARY 25, 2020

SUN. JANUARY 26, 2020

MON. JANUARY 27, 2020

TUE. JANUARY 28, 2020

WED. JANUARY 29, 2020

THU. JANUARY 30, 2020

FRI. JANUARY 31, 2020

FEBRUARY 2020

SUNDAY	MONDAY	TUESDAY	WEDNESDAY
2	3	4	5
9	10	11	12
16	17	18	19
23	24	25	26

THURSDAY	FRIDAY	SATURDAY	
		1	<u>STUFF TO DO</u>
6	7	8	
13	14	15	
20	21	22	
27	28	29	

SAT. FEBRUARY 1, 2020

SUN. FEBRUARY 2, 2020

MON. FEBRUARY 3, 2020

TUE. FEBRUARY 4, 2020

WED. FEBRUARY 5, 2020

THU. FEBRUARY 6, 2020

FRI. FEBRUARY 7, 2020

SAT. FEBRUARY 8, 2020

SUN. FEBRUARY 9, 2020

MON. FEBRUARY 10, 2020

_____   _____

_____   _____

_____   _____

_____   _____

_____   _____

_____   _____

_____   _____

TUE. FEBRUARY 11, 2020

_____   _____

_____   _____

_____   _____

_____   _____

_____   _____

_____   _____

WED. FEBRUARY 12, 2020

_____   _____

_____   _____

_____   _____

_____   _____

_____   _____

_____   _____

_____   _____

THU. FEBRUARY 13, 2020

FRI. FEBRUARY 14, 2020

SAT. FEBRUARY 15, 2020

SUN. FEBRUARY 16, 2020

MON. FEBRUARY 17, 2020

TUE. FEBRUARY 18, 2020

WED. FEBRUARY 19, 2020

_____   _____
_____   _____
_____   _____
_____   _____
_____   _____
_____   _____
_____   _____
_____   _____

THU. FEBRUARY 20, 2020

_____   _____
_____   _____
_____   _____
_____   _____
_____   _____
_____   _____
_____   _____

FRI. FEBRUARY 21, 2020

_____   _____
_____   _____
_____   _____
_____   _____
_____   _____
_____   _____
_____   _____

SAT. FEBRUARY 22, 2020

SUN. FEBRUARY 23, 2020

MON. FEBRUARY 24, 2020

TUE. FEBRUARY 25, 2020

WED. FEBRUARY 26, 2020

THU. FEBRUARY 27, 2020

FRI. FEBRUARY 28, 2020

SAT. FEBRUARY 29, 2020

MARCH 2020

SUNDAY	MONDAY	TUESDAY	WEDNESDAY
1	2	3	4
8	9	10	11
15	16	17	18
22	23	24	25
29	30	31	

THURSDAY	FRIDAY	SATURDAY	
5	6	7	STUFF TO DO
12	13	14	
19	20	21	
26	27	28	

SUN. MARCH 1, 2020

_____   _____

_____   _____

_____   _____

_____   _____

_____   _____

_____   _____

_____   _____

_____

MON. MARCH 2, 2020

_____   _____

_____   _____

_____   _____

_____   _____

_____   _____

_____   _____

_____   _____

_____

TUE. MARCH 3, 2020

_____   _____

_____   _____

_____   _____

_____   _____

_____   _____

_____   _____

_____   _____

WED. MARCH 4, 2020

_____   _____
_____   _____
_____   _____
_____   _____
_____   _____
_____   _____
_____   _____
_____

THU. MARCH 5, 2020

_____   _____
_____   _____
_____   _____
_____   _____
_____   _____
_____   _____
_____

FRI. MARCH 6, 2020

_____   _____
_____   _____
_____   _____
_____   _____
_____   _____
_____   _____
_____   _____

SAT. MARCH 7, 2020

_____   _____

_____   _____

_____   _____

_____   _____

_____   _____

_____   _____

_____   _____

_____

SUN. MARCH 8, 2020

_____   _____

_____   _____

_____   _____

_____   _____

_____   _____

_____   _____

_____   _____

MON. MARCH 9, 2020

_____   _____

_____   _____

_____   _____

_____   _____

_____   _____

_____   _____

_____   _____

TUE. MARCH 10, 2020

WED. MARCH 11, 2020

THU. MARCH 12, 2020

FRI. MARCH 13, 2020

_____   _____

_____   _____

_____   _____

_____   _____

_____   _____

_____   _____

_____   _____

_____

SAT. MARCH 14, 2020

_____   _____

_____   _____

_____   _____

_____   _____

_____   _____

_____   _____

SUN. MARCH 15, 2020

_____   _____

_____   _____

_____   _____

_____   _____

_____   _____

_____   _____

_____

MON. MARCH 16, 2020

_____   _____
_____   _____
_____   _____
_____   _____
_____   _____
_____   _____
_____   _____
_____   _____

TUE. MARCH 17, 2020

_____   _____
_____   _____
_____   _____
_____   _____
_____   _____
_____   _____

WED. MARCH 18, 2020

_____   _____
_____   _____
_____   _____
_____   _____
_____   _____
_____   _____
_____   _____

THU. MARCH 19, 2020

_____   _____
_____   _____
_____   _____
_____   _____
_____   _____
_____   _____
_____   _____
_____

FRI. MARCH 20, 2020

_____   _____
_____   _____
_____   _____
_____   _____
_____   _____
_____   _____
_____

SAT. MARCH 21, 2020

_____   _____
_____   _____
_____   _____
_____   _____
_____   _____
_____   _____
_____

SUN. MARCH 22, 2020

_____   _____
_____   _____
_____   _____
_____   _____
_____   _____
_____   _____
_____   _____
_____

MON. MARCH 23, 2020

_____   _____
_____   _____
_____   _____
_____   _____
_____   _____
_____   _____
_____   _____

TUE. MARCH 24, 2020

_____   _____
_____   _____
_____   _____
_____   _____
_____   _____
_____   _____
_____   _____

WED. MARCH 25, 2020

_____

_____

_____

_____

_____

_____

_____

THU. MARCH 26, 2020

_____

_____

_____

_____

_____

_____

_____

FRI. MARCH 27, 2020

_____

_____

_____

_____

_____

_____

_____

SAT. MARCH 28, 2020

_____   _____
_____   _____
_____   _____
_____   _____
_____   _____
_____   _____
_____   _____
_____   _____

SUN. MARCH 29, 2020

_____   _____
_____   _____
_____   _____
_____   _____
_____   _____
_____   _____
_____   _____

MON. MARCH 30, 2020

_____   _____
_____   _____
_____   _____
_____   _____
_____   _____
_____   _____
_____   _____

TUE. MARCH 31, 2020

_____   _____
_____   _____
_____   _____
_____   _____
_____   _____
_____   _____
_____   _____

APRIL 2020

SUNDAY	MONDAY	TUESDAY	WEDNESDAY
			1
5	6	7	8
12	13	14	15
19	20	21	22
26	27	28	29

THURSDAY	FRIDAY	SATURDAY	
2	3	4	STUFF TO DO
9	10	11	
16	17	18	
23	24	25	
30			

WED. APRIL 1, 2020

THU. APRIL 2, 2020

FRI. APRIL 3, 2020

SAT. APRIL 4, 2020

SUN. APRIL 5, 2020

MON. APRIL 6, 2020

TUE. APRIL 7, 2020

_____   _____
_____   _____
_____   _____
_____   _____
_____   _____
_____   _____
_____   _____

WED. APRIL 8, 2020

_____   _____
_____   _____
_____   _____
_____   _____
_____   _____
_____   _____

THU. APRIL 9, 2020

_____   _____
_____   _____
_____   _____
_____   _____
_____   _____
_____   _____
_____   _____

FRI. APRIL 10, 2020

SAT. APRIL 11, 2020

SUN. APRIL 12, 2020

MON. APRIL 13, 2020

_____   _____
_____   _____
_____   _____
_____   _____
_____   _____
_____   _____
_____   _____
_____

TUE. APRIL 14, 2020

_____   _____
_____   _____
_____   _____
_____   _____
_____   _____
_____   _____
_____   _____
_____

WED. APRIL 15, 2020

_____   _____
_____   _____
_____   _____
_____   _____
_____   _____
_____   _____
_____   _____
_____

THU. APRIL 16, 2020

_____   _____
_____   _____
_____   _____
_____   _____
_____   _____
_____   _____
_____   _____
_____

FRI. APRIL 17, 2020

_____   _____
_____   _____
_____   _____
_____   _____
_____   _____
_____   _____
_____

SAT. APRIL 18, 2020

_____   _____
_____   _____
_____   _____
_____   _____
_____   _____
_____   _____
_____   _____

SUN. APRIL 19, 2020

_____   _____
_____   _____
_____   _____
_____   _____
_____   _____
_____   _____
_____   _____
_____

MON. APRIL 20, 2020

_____   _____
_____   _____
_____   _____
_____   _____
_____   _____
_____   _____
_____

TUE. APRIL 21, 2020

_____   _____
_____   _____
_____   _____
_____   _____
_____   _____
_____   _____
_____

WED. APRIL 22, 2020

_____   _____
_____   _____
_____   _____
_____   _____
_____   _____
_____   _____
_____   _____
_____   _____

THU. APRIL 23, 2020

_____   _____
_____   _____
_____   _____
_____   _____
_____   _____
_____   _____
_____   _____

FRI. APRIL 24, 2020

_____   _____
_____   _____
_____   _____
_____   _____
_____   _____
_____   _____
_____   _____

SAT. APRIL 25, 2020

SUN. APRIL 26, 2020

MON. APRIL 27, 2020

TUE. APRIL 28, 2020

WED. APRIL 29, 2020

THU. APRIL 30, 2020

MAY 2020

SUNDAY	MONDAY	TUESDAY	WEDNESDAY
3	4	5	6
10	11	12	13
17	18	19	20
24	25	26	27
31			

THURSDAY	FRIDAY	SATURDAY	STUFF TO DO
	1	2	<u>STUFF TO DO</u>
7	8	9	
14	15	16	
21	22	23	
28	29	30	

FRI. MAY 1, 2020

SAT. MAY 2, 2020

SUN. MAY 3, 2020

MON. MAY 4, 2020

_____   _____

_____   _____

_____   _____

_____   _____

_____   _____

_____   _____

_____   _____

TUE. MAY 5, 2020

_____   _____

_____   _____

_____   _____

_____   _____

_____   _____

_____   _____

_____   _____

WED. MAY 6, 2020

_____   _____

_____   _____

_____   _____

_____   _____

_____   _____

_____   _____

_____   _____

THU. MAY 7, 2020

_____   _____
_____   _____
_____   _____
_____   _____
_____   _____
_____   _____
_____   _____

FRI. MAY 8, 2020

_____   _____
_____   _____
_____   _____
_____   _____
_____   _____
_____   _____

SAT. MAY 9, 2020

_____   _____
_____   _____
_____   _____
_____   _____
_____   _____
_____   _____

SUN. MAY 10, 2020

_____   _____

_____   _____

_____   _____

_____   _____

_____   _____

_____   _____

_____   _____

MON. MAY 11, 2020

_____   _____

_____   _____

_____   _____

_____   _____

_____   _____

_____   _____

_____   _____

TUE. MAY 12, 2020

_____   _____

_____   _____

_____   _____

_____   _____

_____   _____

_____   _____

_____   _____

WED. MAY 13, 2020

_____   _____

_____   _____

_____   _____

_____   _____

_____   _____

_____   _____

_____   _____

_____

THU. MAY 14, 2020

_____   _____

_____   _____

_____   _____

_____   _____

_____   _____

_____   _____

_____   _____

FRI. MAY 15, 2020

_____   _____

_____   _____

_____   _____

_____   _____

_____   _____

_____   _____

_____   _____

SAT. MAY 16, 2020

_____   _____
_____   _____
_____   _____
_____   _____
_____   _____
_____   _____
_____   _____
_____

SUN. MAY 17, 2020

_____   _____
_____   _____
_____   _____
_____   _____
_____   _____
_____   _____

MON. MAY 18, 2020

_____   _____
_____   _____
_____   _____
_____   _____
_____   _____
_____   _____
_____

TUE. MAY 19, 2020

WED. MAY 20, 2020

THU. MAY 21, 2020

FRI. MAY 22, 2020

SAT. MAY 23, 2020

SUN. MAY 24, 2020

MON. MAY 25, 2020

_____   _____
_____   _____
_____   _____
_____   _____
_____   _____
_____   _____
_____   _____
_____

TUE. MAY 26, 2020

_____   _____
_____   _____
_____   _____
_____   _____
_____   _____
_____   _____
_____

WED. MAY 27, 2020

_____   _____
_____   _____
_____   _____
_____   _____
_____   _____
_____   _____
_____   _____

THU. MAY 28, 2020

_____

FRI. MAY 29, 2020

_____

SAT. MAY 30, 2020

_____

SUN. MAY 31, 2020

JUNE 2020

SUNDAY	MONDAY	TUESDAY	WEDNESDAY
	1	2	3
7	8	9	8
14	15	16	17
21	22	23	24
28	29	30	

THURSDAY	FRIDAY	SATURDAY	STUFF TO DO
4	5	6	
11	12	13	
18	19	20	
25	26	27	

MON. JUNE 1, 2020

_____   _____

_____   _____

_____   _____

_____   _____

_____   _____

_____   _____

_____   _____

TUE. JUNE 2, 2020

_____   _____

_____   _____

_____   _____

_____   _____

_____   _____

_____   _____

_____   _____

WED. JUNE 3, 2020

_____   _____

_____   _____

_____   _____

_____   _____

_____   _____

_____   _____

_____   _____

THU. JUNE 4, 2020

FRI. JUNE 5, 2020

SAT. JUNE 6, 2020

SUN. JUNE 7, 2020

_____   _____
_____   _____
_____   _____
_____   _____
_____   _____
_____   _____
_____   _____

MON. JUNE 8, 2020

_____   _____
_____   _____
_____   _____
_____   _____
_____   _____
_____   _____

TUE. JUNE 9, 2020

_____   _____
_____   _____
_____   _____
_____   _____
_____   _____
_____   _____
_____

WED. JUNE 10, 2020

_____   _____

_____   _____

_____   _____

_____   _____

_____   _____

_____   _____

_____   _____

_____

THU. JUNE 11, 2020

_____   _____

_____   _____

_____   _____

_____   _____

_____   _____

_____   _____

_____

FRI. JUNE 12, 2020

_____   _____

_____   _____

_____   _____

_____   _____

_____   _____

_____   _____

_____   _____

SAT. JUNE 13, 2020

_____   _____
_____   _____
_____   _____
_____   _____
_____   _____
_____   _____
_____   _____
_____   _____

SUN. JUNE 14, 2020

_____   _____
_____   _____
_____   _____
_____   _____
_____   _____
_____   _____
_____   _____

MON. JUNE 15, 2020

_____   _____
_____   _____
_____   _____
_____   _____
_____   _____
_____   _____
_____   _____

TUE. JUNE 16, 2020

WED. JUNE 17, 2020

THU. JUNE 18, 2020

FRI. JUNE 19, 2020

_____   _____

_____   _____

_____   _____

_____   _____

_____   _____

_____   _____

_____   _____

_____

SAT. JUNE 20, 2020

_____   _____

_____   _____

_____   _____

_____   _____

_____   _____

_____   _____

_____   _____

_____

SUN. JUNE 21, 2020

_____   _____

_____   _____

_____   _____

_____   _____

_____   _____

_____   _____

_____   _____

_____

MON. JUNE 22, 2020

_____   _____
_____   _____
_____   _____
_____   _____
_____   _____
_____   _____
_____   _____
_____

TUE. JUNE 23, 2020

_____   _____
_____   _____
_____   _____
_____   _____
_____   _____
_____   _____
_____   _____

WED. JUNE 24, 2020

_____   _____
_____   _____
_____   _____
_____   _____
_____   _____
_____   _____
_____   _____

THU. JUNE 25, 2020

FRI. JUNE 26, 2020

SAT. JUNE 27, 2020

SUN. JUNE 28, 2020

_____

_____

_____

_____

_____

_____

_____

_____

_____

_____

_____

_____

_____

MON. JUNE 29, 2020

_____

_____

_____

_____

_____

_____

_____

_____

_____

_____

_____

TUE. JUNE 30, 2020

_____

_____

_____

_____

_____

_____

_____

_____

_____

_____

_____

_____

JULY 2020

SUNDAY	MONDAY	TUESDAY	WEDNESDAY
			1
5	6	7	8
12	13	14	15
19	20	21	22
26	27	28	29

THURSDAY	FRIDAY	SATURDAY	
2	3	4	STUFF TO DO
9	10	11	
16	17	18	
23	24	25	
30	31		

WED. JULY 1, 2020

_____   _____

_____   _____

_____   _____

_____   _____

_____   _____

_____   _____

_____

THU. JULY 2, 2020

_____   _____

_____   _____

_____   _____

_____   _____

_____   _____

_____   _____

FRI. JULY 3, 2020

_____   _____

_____   _____

_____   _____

_____   _____

_____   _____

_____   _____

_____   _____

SAT. JULY 4, 2020

SUN. JULY 5, 2020

MON. JULY 6, 2020

TUE. JULY 7, 2020

WED. JULY 8, 2020

THU. JULY 9, 2020

FRI. JULY 10, 2020

SAT. JULY 11, 2020

SUN. JULY 12, 2020

MON. JULY 13, 2020

_____   _____
_____   _____
_____   _____
_____   _____
_____   _____
_____   _____
_____   _____

TUE. JULY 14, 2020

_____   _____
_____   _____
_____   _____
_____   _____
_____   _____
_____   _____

WED. JULY 15, 2020

_____   _____
_____   _____
_____   _____
_____   _____
_____   _____
_____   _____
_____

THU. JULY 16, 2020

FRI. JULY 17, 2020

SAT. JULY 18, 2020

SUN. JULY 19, 2020

MON. JULY 20, 2020

TUE. JULY 21, 2020

WED. JULY 22, 2020

_____   _____
_____   _____
_____   _____
_____   _____
_____   _____
_____   _____
_____   _____

THU. JULY 23, 2020

_____   _____
_____   _____
_____   _____
_____   _____
_____   _____
_____

FRI. JULY 24, 2020

_____   _____
_____   _____
_____   _____
_____   _____
_____   _____
_____   _____

SAT. JULY 25, 2020

_____   _____
_____   _____
_____   _____
_____   _____
_____   _____
_____   _____
_____   _____
_____

SUN. JULY 26, 2020

_____   _____
_____   _____
_____   _____
_____   _____
_____   _____
_____   _____
_____

MON. JULY 27, 2020

_____   _____
_____   _____
_____   _____
_____   _____
_____   _____
_____   _____
_____   _____

TUE. JULY 28, 2020

WED. JULY 29, 2020

THU. JULY 30, 2020

FRI. JULY 31, 2020

AUGUST 2020

SUNDAY	MONDAY	TUESDAY	WEDNESDAY
2	3	4	5
9	10	11	12
16	17	18	19
23	24	25	26
30	31		

THURSDAY	FRIDAY	SATURDAY	
		1	STUFF TO DO
6	7	8	
13	14	15	
20	21	22	
27	28	29	

SAT. AUGUST 1, 2020

SUN. AUGUST 2, 2020

MON. AUGUST 3, 2020

TUE. AUGUST 4, 2020

_____   _____
_____   _____
_____   _____
_____   _____
_____   _____
_____   _____
_____   _____
_____

WED. AUGUST 5, 2020

_____   _____
_____   _____
_____   _____
_____   _____
_____   _____
_____   _____
_____   _____

THU. AUGUST 6, 2020

_____   _____
_____   _____
_____   _____
_____   _____
_____   _____
_____   _____
_____

FRI. AUGUST 7, 2020

_____   _____
_____   _____
_____   _____
_____   _____
_____   _____
_____   _____
_____   _____
_____   _____

SAT. AUGUST 8, 2020

_____   _____
_____   _____
_____   _____
_____   _____
_____   _____
_____   _____

SUN. AUGUST 9, 2020

_____   _____
_____   _____
_____   _____
_____   _____
_____   _____
_____   _____
_____   _____

MON. AUGUST 10, 2020

TUE. AUGUST 11, 2020

WED. AUGUST 12, 2020

THU. AUGUST 13, 2020

_____   _____
_____   _____
_____   _____
_____   _____
_____   _____
_____   _____
_____   _____

FRI. AUGUST 14, 2020

_____   _____
_____   _____
_____   _____
_____   _____
_____   _____
_____   _____

SAT. AUGUST 15, 2020

_____   _____
_____   _____
_____   _____
_____   _____
_____   _____
_____   _____
_____

SUN. AUGUST 16, 2020

_____   _____
_____   _____
_____   _____
_____   _____
_____   _____
_____   _____
_____   _____
_____

MON. AUGUST 17, 2020

_____   _____
_____   _____
_____   _____
_____   _____
_____   _____
_____

TUE. AUGUST 18, 2020

_____   _____
_____   _____
_____   _____
_____   _____
_____   _____
_____   _____
_____   _____

WED. AUGUST 19, 2020

_____   _____
_____   _____
_____   _____
_____   _____
_____   _____
_____   _____
_____   _____
_____

THU. AUGUST 20, 2020

_____   _____
_____   _____
_____   _____
_____   _____
_____   _____
_____   _____
_____

FRI. AUGUST 21, 2020

_____   _____
_____   _____
_____   _____
_____   _____
_____   _____
_____   _____
_____   _____

SAT. AUGUST 22, 2020

_____   _____
_____   _____
_____   _____
_____   _____
_____   _____
_____   _____
_____   _____
_____   _____

SUN. AUGUST 23, 2020

_____   _____
_____   _____
_____   _____
_____   _____
_____   _____
_____   _____
_____   _____

MON. AUGUST 24, 2020

_____   _____
_____   _____
_____   _____
_____   _____
_____   _____
_____   _____
_____   _____

TUE. AUGUST 25, 2020

WED. AUGUST 26, 2020

THU. AUGUST 27, 2020

FRI. AUGUST 28, 2020

_____   _____
_____   _____
_____   _____
_____   _____
_____   _____
_____   _____
_____   _____
_____   _____
_____

SAT. AUGUST 29, 2020

_____   _____
_____   _____
_____   _____
_____   _____
_____   _____
_____   _____
_____   _____
_____

SUN. AUGUST 30, 2020

_____   _____
_____   _____
_____   _____
_____   _____
_____   _____
_____   _____
_____

MON. AUGUST 31, 2020

_____   _____
_____   _____
_____   _____
_____   _____
_____   _____
_____   _____
_____   _____
_____

SEPTEMBER 2020

SUNDAY	MONDAY	TUESDAY	WEDNESDAY
		1	2
6	7	8	9
13	14	15	16
20	21	22	23
27	28	29	30

THURSDAY	FRIDAY	SATURDAY	
3	4	5	STUFF TO DO
10	11	12	
17	18	19	
24	25	26	

TUE. SEPTEMBER 1, 2020

_____   _____
_____   _____
_____   _____
_____   _____
_____   _____
_____   _____
_____   _____
_____

WED. SEPTEMBER 2, 2020

_____   _____
_____   _____
_____   _____
_____   _____
_____   _____
_____   _____
_____

THU. SEPTEMBER 3, 2020

_____   _____
_____   _____
_____   _____
_____   _____
_____   _____
_____   _____
_____   _____

FRI. SEPTEMBER 4, 2020

SAT. SEPTEMBER 5, 2020

SUN. SEPTEMBER 6, 2020

MON. SEPTEMBER 7, 2020

_____   _____

_____   _____

_____   _____

_____   _____

_____   _____

_____   _____

_____   _____

TUE. SEPTEMBER 8, 2020

_____   _____

_____   _____

_____   _____

_____   _____

_____   _____

_____   _____

WED. SEPTEMBER 9, 2020

_____   _____

_____   _____

_____   _____

_____   _____

_____   _____

_____   _____

_____   _____

THU. SEPTEMBER 10, 2020

_____   _____
_____   _____
_____   _____
_____   _____
_____   _____
_____   _____
_____   _____
_____   _____

FRI. SEPTEMBER 11, 2020

_____   _____
_____   _____
_____   _____
_____   _____
_____   _____
_____   _____

SAT. SEPTEMBER 12, 2020

_____   _____
_____   _____
_____   _____
_____   _____
_____   _____
_____   _____
_____   _____

SUN. SEPTEMBER 13, 2020

_____   _____
_____   _____
_____   _____
_____   _____
_____   _____
_____   _____
_____   _____
_____   _____

MON. SEPTEMBER 14, 2020

_____   _____
_____   _____
_____   _____
_____   _____
_____   _____
_____   _____
_____   _____

TUE. SEPTEMBER 15, 2020

_____   _____
_____   _____
_____   _____
_____   _____
_____   _____
_____   _____
_____   _____

WED. SEPTEMBER 16, 2020

THU. SEPTEMBER 17, 2020

FRI. SEPTEMBER 18, 2020

SAT. SEPTEMBER 19, 2020

SUN. SEPTEMBER 20, 2020

MON. SEPTEMBER 21, 2020

TUE. SEPTEMBER 22, 2020

WED. SEPTEMBER 23, 2020

THU. SEPTEMBER 24, 2020

FRI. SEPTEMBER 25, 2020

SAT. SEPTEMBER 26, 2020

SUN. SEPTEMBER 27, 2020

MON. SEPTEMBER 28, 2020

TUE. SEPTEMBER 29, 2020

WED. SEPTEMBER 30, 2020

OCTOBER 2020

SUNDAY	MONDAY	TUESDAY	WEDNESDAY
4	5	6	7
11	12	13	14
18	19	20	21
25	26	27	28

THURSDAY	FRIDAY	SATURDAY	
1	2	3	<u>STUFF TO DO</u>
8	9	10	
15	16	17	
22	23	24	
29	30	31	

THU. OCTOBER 1, 2020

FRI. OCTOBER 2, 2020

SAT. OCTOBER 3, 2020

SUN. OCTOBER 4, 2020

MON. OCTOBER 5, 2020

TUE. OCTOBER 6, 2020

WED. OCTOBER 7, 2020

THU. OCTOBER 8, 2020

FRI. OCTOBER 9, 2020

SAT. OCTOBER 10, 2020

_____   _____
_____   _____
_____   _____
_____   _____
_____   _____
_____   _____
_____   _____
_____

SUN. OCTOBER 11, 2020

_____   _____
_____   _____
_____   _____
_____   _____
_____   _____
_____   _____
_____   _____

MON. OCTOBER 12, 2020

_____   _____
_____   _____
_____   _____
_____   _____
_____   _____
_____   _____
_____   _____

TUE. OCTOBER 13, 2020

WED. OCTOBER 14, 2020

THU. OCTOBER 15, 2020

FRI. OCTOBER 16, 2020

SAT. OCTOBER 17, 2020

SUN. OCTOBER 18, 2020

MON. OCTOBER 19, 2020

TUE. OCTOBER 20, 2020

WED. OCTOBER 21, 2020

THU. OCTOBER 22, 2020

FRI. OCTOBER 23, 2020

SAT. OCTOBER 24, 2020

SUN. OCTOBER 25, 2020

MON. OCTOBER 26, 2020

TUE. OCTOBER 27, 2020

WED. OCTOBER 28, 2020

THU. OCTOBER 29, 2020

FRI. OCTOBER 30, 2020

SAT. OCTOBER 31, 2020

NOVEMBER 2020

SUNDAY	MONDAY	TUESDAY	WEDNESDAY
1	2	3	4
8	9	10	11
15	16	17	18
22	23	24	25
29	30		

THURSDAY	FRIDAY	SATURDAY	
5	6	7	<u>STUFF TO DO</u>
12	13	14	
19	20	21	
26	27	28	

SUN. NOVEMBER 1, 2020

_____   _____
_____   _____
_____   _____
_____   _____
_____   _____
_____   _____
_____   _____

MON. NOVEMBER 2, 2020

_____   _____
_____   _____
_____   _____
_____   _____
_____   _____
_____   _____

TUE. NOVEMBER 3, 2020

_____   _____
_____   _____
_____   _____
_____   _____
_____   _____
_____   _____
_____   _____

WED. NOVEMBER 4, 2020

THU. NOVEMBER 5, 2020

FRI. NOVEMBER 6, 2020

SAT. NOVEMBER 7, 2020

_____   _____
_____   _____
_____   _____
_____   _____
_____   _____
_____   _____
_____   _____
_____   _____

SUN. NOVEMBER 8, 2020

_____   _____
_____   _____
_____   _____
_____   _____
_____   _____
_____   _____
_____   _____

MON. NOVEMBER 9, 2020

_____   _____
_____   _____
_____   _____
_____   _____
_____   _____
_____   _____
_____   _____

TUE. NOVEMBER 10, 2020

_____

_____

_____

_____

_____

_____

_____

_____

WED. NOVEMBER 11, 2020

_____

_____

_____

_____

_____

_____

THU. NOVEMBER 12, 2020

_____

_____

_____

_____

_____

_____

_____

FRI. NOVEMBER 13, 2020

_____   _____
_____   _____
_____   _____
_____   _____
_____   _____
_____   _____
_____   _____
_____   _____

SAT. NOVEMBER 14, 2020

_____   _____
_____   _____
_____   _____
_____   _____
_____   _____
_____   _____
_____

SUN. NOVEMBER 15, 2020

_____   _____
_____   _____
_____   _____
_____   _____
_____   _____
_____   _____
_____

MON. NOVEMBER 16, 2020

_____   _____

_____   _____

_____   _____

_____   _____

_____   _____

_____   _____

_____   _____

_____   _____

TUE. NOVEMBER 17, 2020

_____   _____

_____   _____

_____   _____

_____   _____

_____   _____

_____   _____

_____   _____

WED. NOVEMBER 18, 2020

_____   _____

_____   _____

_____   _____

_____   _____

_____   _____

_____   _____

_____   _____

THU. NOVEMBER 19, 2020

FRI. NOVEMBER 20, 2020

SAT. NOVEMBER 21, 2020

SUN. NOVEMBER 22, 2020

MON. NOVEMBER 23, 2020

TUE. NOVEMBER 24, 2020

WED. NOVEMBER 25, 2020

_____   _____
_____   _____
_____   _____
_____   _____
_____   _____
_____   _____
_____   _____
_____   _____

THU. NOVEMBER 26, 2020

_____   _____
_____   _____
_____   _____
_____   _____
_____   _____
_____   _____
_____   _____

FRI. NOVEMBER 27, 2020

_____   _____
_____   _____
_____   _____
_____   _____
_____   _____
_____   _____
_____   _____
_____

SAT. NOVEMBER 28, 2020

_____   _____
_____   _____
_____   _____
_____   _____
_____   _____
_____   _____
_____   _____
_____

SUN. NOVEMBER 29, 2020

_____   _____
_____   _____
_____   _____
_____   _____
_____   _____
_____   _____
_____

MON. NOVEMBER 30, 2020

_____   _____
_____   _____
_____   _____
_____   _____
_____   _____
_____   _____
_____

DECEMBER 2020

SUNDAY	MONDAY	TUESDAY	WEDNESDAY
		1	2
6	7	8	9
13	14	15	16
20	21	22	23
27	28	29	30

THURSDAY	FRIDAY	SATURDAY	
3	4	5	STUFF TO DO
10	11	12	
17	18	19	
24	25	26	
31			

TUE. DECEMBER 1, 2020

_____   _____
_____   _____
_____   _____
_____   _____
_____   _____
_____   _____
_____   _____
_____

WED. DECEMBER 2, 2020

_____   _____
_____   _____
_____   _____
_____   _____
_____   _____
_____   _____
_____

THU. DECEMBER 3, 2020

_____   _____
_____   _____
_____   _____
_____   _____
_____   _____
_____   _____
_____   _____

FRI. DECEMBER 4, 2020

SAT. DECEMBER 5, 2020

SUN. DECEMBER 6, 2020

MON. DECEMBER 7, 2020

_____   _____
_____   _____
_____   _____
_____   _____
_____   _____
_____   _____
_____   _____

TUE. DECEMBER 8, 2020

_____   _____
_____   _____
_____   _____
_____   _____
_____   _____
_____   _____

WED. DECEMBER 9, 2020

_____   _____
_____   _____
_____   _____
_____   _____
_____   _____
_____   _____
_____

THU. DECEMBER 10, 2020

_____   _____
_____   _____
_____   _____
_____   _____
_____   _____
_____   _____
_____

FRI. DECEMBER 11, 2020

_____   _____
_____   _____
_____   _____
_____   _____
_____   _____
_____   _____
_____

SAT. DECEMBER 12, 2020

_____   _____
_____   _____
_____   _____
_____   _____
_____   _____
_____   _____
_____

SUN. DECEMBER 13, 2020

_____   _____
_____   _____
_____   _____
_____   _____
_____   _____
_____   _____
_____   _____
_____

MON. DECEMBER 14, 2020

_____   _____
_____   _____
_____   _____
_____   _____
_____   _____
_____

TUE. DECEMBER 15, 2020

_____   _____
_____   _____
_____   _____
_____   _____
_____   _____
_____   _____
_____

WED. DECEMBER 16, 2020

_____   _____
_____   _____
_____   _____
_____   _____
_____   _____
_____   _____
_____   _____
_____   _____

THU. DECEMBER 17, 2020

_____   _____
_____   _____
_____   _____
_____   _____
_____   _____
_____   _____
_____

FRI. DECEMBER 18, 2020

_____   _____
_____   _____
_____   _____
_____   _____
_____   _____
_____   _____
_____   _____

SAT. DECEMBER 19, 2020

_____   _____
_____   _____
_____   _____
_____   _____
_____   _____
_____   _____
_____   _____
_____

SUN. DECEMBER 20, 2020

_____   _____
_____   _____
_____   _____
_____   _____
_____   _____
_____   _____
_____

MON. DECEMBER 21, 2020

_____   _____
_____   _____
_____   _____
_____   _____
_____   _____
_____   _____
_____   _____

TUE. DECEMBER 22, 2020

_____   _____
_____   _____
_____   _____
_____   _____
_____   _____
_____   _____
_____   _____
_____

WED. DECEMBER 23, 2020

_____   _____
_____   _____
_____   _____
_____   _____
_____   _____
_____   _____
_____   _____

THU. DECEMBER 24, 2020

_____   _____
_____   _____
_____   _____
_____   _____
_____   _____
_____   _____
_____   _____

FRI. DECEMBER 25, 2020

SAT. DECEMBER 26, 2020

SUN. DECEMBER 27, 2020

MON. DECEMBER 28, 2020

TUE. DECEMBER 29, 2020

WED. DECEMBER 30, 2020

THU. DECEMBER 31, 2020

Printed by Amazon Italia Logistica S.r.l.
Torrazza Piemonte (TO), Italy

10869562R00085